MWNCI YN HELPU

Llyfrau gan Emrys Roberts o'r Dref Wen

Mwnci yn Helpu
Y Pysgodyn Coch

Emrys Roberts

MWNCI YN HELPU

DREF WEN

I blant Ysgol Gwenffrwd, Treffynnon

CBAC

Cyhoeddwyd dan nawdd
Cynllun Llyfrau Darllen
Cyd-bwyllgor Addysg Cymru.

© Emrys Roberts 1995
Cyhoeddwyd 1995 gan Wasg y Dref Wen,
28 Ffordd yr Eglwys,
Yr Eglwys Newydd, Caerdydd
Ffôn 01222 617860.
Argraffwyd ym Mhrydain.

Cedwir pob hawlfraint. Ni chaiff unrhyw ran
o'r llyfr hwn ei hatgynhyrchu na'i storio mewn
system adferadwy na'i hanfon allan mewn
unrhyw ffordd na thrwy unrhyw gyfrwng
electronig, peirianyddol, llun-gopïo, recordio
nac unrhyw ffordd arall, heb ganiatâd ymlaen llaw
gan y cyhoeddwyr.

CYNNWYS

Mwnci yn Helpu 7
Y Glec yn y Glust 14
Morthwyl Donar 20
Powlen Binama 28
Anghofio 34
Dwy Sach 41
Y Neidr Gas 48
Diod i Wneud Penillion 55

MWNCI YN HELPU

Un tro roedd tywysog yn byw yn India. Rama oedd ei enw. Roedd ei fam wedi marw, a'i dad wedi ailbriodi. Doedd mam wen Rama ddim yn ei hoffi.

"Mae Rama wedi dwyn perlau," meddai hi un diwrnod wrth ei gŵr.

Dweud celwydd roedd hi ond fe gredodd tad Rama hi.

"Bydd yn rhaid iti ei hel i ffwrdd o India," ebe'r frenhines greulon. "Dyna'r gosb am fod yn lleidr."

Roedd pawb yn drist dros ben wrth weld Rama a'i wraig ifanc, Sita, yn paratoi i adael y palas. Roedden nhw wedi edrych ymlaen at weld y gŵr ifanc a'i wraig yn dod yn frenin ac yn frenhines arnyn nhw cyn bo hir.

"Mae'n well iti beidio â dod hefo mi," meddai'r tywysog yn ddigalon wrth ei wraig. "Fe fydd yna lawer o bethau peryglus yn digwydd ar y daith. Fi sy'n cael fy ngyrru oddi yma, nid ti."

Gan fod Sita'n caru ei gŵr roedd yn benderfynol o fynd hefo fo. Cyn hir dyma nhw'n dod ar draws rhaeadr. Bu bron i Sita foddi yn y dŵr gwyllt. Yna fe redodd llew ar eu holau trwy'r goedwig. Fe wnaethon nhw guddio o'r golwg mewn gwair uchel. Wedi i'r llew fynd i ffwrdd dyma'r gwynt yn dechrau chwythu mor gryf nes roedden nhw'n methu cerdded. Bu raid i'r ddau swatio yn y gwair mawr eto. Ar ôl i'r storm fynd heibio, roedden nhw eisiau bwyd. Ond ychydig iawn o ffrwythau a diod oedd i'w gweld yn unlle. Er ei bod wedi blino, a bron â rhewi yn ystod y nosau hir, ni chwynai Sita o gwbl.

"Dacw garw'n rhedeg," meddai Rama wrthi un diwrnod. "Aros di yn ymyl y goeden yma tra bydda i'n ei hela. Fe gawn ni bryd o fwyd melys wedyn."

I ffwrdd â'r tywysog ar ôl y carw. Doedd o ddim yn gwybod bod brenin drwg yn eu gwylio ers meitin. Rafana oedd ei enw. Pan aeth Rama'n ddigon pell, sleifiodd y dyn annifyr fel neidr tuag at Sita. Cipiodd hi yn ei freichiau mawr cryf gan ei chario i'w gerbyd awyr. Cerbyd hud oedd hwn a oedd yn gallu mynd yn gyflym uwchben y cymylau a thros dir a dŵr.

"Ha-ha," gwaeddodd y brenin. "I fyny â ni dros y môr i wlad Lanca!"

Methodd Rama ddal y carw. Roedd yn fwy digalon fyth pan ddaeth yn ôl. Doedd dim golwg o'i wraig yn unlle. Eisteddodd ar y gwair gan ddechrau crio. Roedd yn credu'n sicr bod llew wedi ei dwyn a'i bwyta.

"Dydi Sita ddim wedi marw!"

Cododd Rama ei ben wrth glywed y llais o'r brigyn yn ei ymyl. Eryr oedd yno. Dywedodd yr hanes wrth y tywysog.

"Mae'n rhaid iti hel byddin at ei gilydd," meddai'r Eryr.

"Mae gen ti ddigon o ffrindiau yn barod i ymladd yn erbyn Rafana ac i helpu i achub Sita."

"Ond does gen i ddim cerbyd awyr i hedfan dros y môr i wlad Lanca. A waeth inni heb â mynd mewn llongau. Mae ysbrydion drwg yn byw o dan y tonnau. Fe fasen nhw'n siŵr o ddryllio pob llong, a ninnau'n boddi," atebodd Rama.

"Bydd yn rhaid meddwl am ffordd arall i fynd dros y dŵr," meddai'r Eryr. "Fedri di ddim sychu'r môr?"

Aeth y ddau at lan y dŵr. Cododd Rama ei fwa a'i chwifio yn ôl ac ymlaen fel gwyntyll.

"Na," meddai wrth yr Eryr. "Dydi hyn ddim yn sychu'r môr i wneud llwybr inni groesi."

Dechreuodd golli ei dymer gan yrru saeth ar ôl saeth o'i fwa i'r dŵr.

"Waeth iti heb â gwylltio," ebe'r aderyn. "Ac mae storm yn dod. Fe fydd mwy o ddŵr nag arfer yn y môr wrth iddi fwrw."

Eisteddodd Rama'n ddigalon ar y lan. Gwibiai ambell fellten fel tafod draig uwchben ac roedd sŵn y taranau o'i gwmpas yr un fath â llewod yn rhuo am fwyd. Edrychodd ar y môr. Roedd fel crochan mawr o ddŵr berwedig. Yna'n sydyn aeth y dŵr yn dawel. Clywodd y tywysog lais yn galw arno'n glir o'r lli:

"Dos i weld Nala. Fe fydd o'n sicr o dy helpu. Nala ydi'r gorau yn y byd am wneud pont. Mi fedr o wneud pont hir i gyrraedd o India i Lanca."

Doedd Rama ddim yn gallu credu'i glustiau. Er na wydden nhw ddim pwy oedd wedi siarad, aeth yr Eryr ac yntau at y gŵr doeth, Nala. Roedd yr Eryr yn gwybod ym mhle roedd yn byw.

"Rydw i'n fodlon gwneud pont," meddai'r dyn doeth wedi iddo glywed yr hanes. "Ond mae'n bwysig cael y mwncïod i helpu."

"Mwnci yn helpu?" holodd y tywysog yn syn.

"Ie, rhai gwych ydyn nhw am gario coed a cherrig er mwyn imi allu gwneud y bont iti gael mynd drosti i achub Sita."

Cyn pen dim amser roedd miloedd o fwncïod wedi cael y neges. Roedden nhw'n falch o'r cyfle i helpu Rama a Nala. Welodd y tywysog erioed gynifer ohonyn nhw hefo'i gilydd o'r blaen. Neidiai rhai bach a rhai mawr o'r coed. Roedd rhai tew a rhai tenau yn brysio am y cyntaf i gludo cerrig at lan y môr i Nala gael dechrau gwneud y bont hir. Doedd yr Eryr ddim yn rhy hoff ohonyn nhw ar y dechrau. Roedd sŵn yr holl haid yn siarad gyda'i gilydd yn ei ddychryn. Hedodd yn uchel uwch eu pennau. Ond pan welodd yr Eryr y rhai cryfa'n cario meini trwm yn eu breichiau hir, a'r rhai bach, bach yn cludo canghennau at y dŵr, daeth i'w helpu.

Hedodd yr aderyn yn ôl ac ymlaen gan gario cerrig a brigau yn ei big ac yn ei grafanc. Aeth y bont yn fwy ac yn fwy ac roedd y tywysog yntau mor brysur â morgrugyn. Nala wrth gwrs oedd yn dweud wrth bawb ymhle i osod y llwythi. Fe fu pawb yn gweithio'n galed, galed am bum niwrnod heb fawr o orffwys. Roedd coesau Rama wedi blino'n lân, a phrin roedd yr Eryr yn gallu codi ei adenydd. Ond daliai pob mwnci i sboncio gan fynd fel wats newydd.

Pan oedd y bont hir o India i Lanca bron â bod yn barod, llithrodd un mwnci bach prysur i'r môr.

"Mae'n boddi!" gwaeddodd un o'i frodyr gan bwyntio ato yn y tonnau.

Gwelodd yr Eryr y mwnci bychan mewn trafferth yn y dŵr. Gwibiodd ato a'i godi yn ei big cryf. Swatiodd yr anifail bach gwlyb wedyn yng nghesail ei frawd i sychu. Aeth pawb arall ymlaen i orffen codi'r bont bwysig.

"Dyna ti," meddai Nala wrth y tywysog ymhen ychydig oriau. "Mae'r bont yn ddigon cryf a llydan ac yn ddigon uchel o'r môr i dy filwyr a thithau groesi."

"Pan fydda i'n frenin, fe gei di lond sach o aur am fy helpu," ebe Rama.

"Cymwynas oedd gwneud y bont. Fydd gen i felly ddim eisiau iti dalu dim. Dos ar frys i nôl milwyr."

Aeth Nala adre.

"Ewch chithau i orffwys i'r coed," meddai'r tywysog wrth y mwncïod cyn brysio i chwilio am ymladdwyr.

Pan ddaeth Rama yn ei ôl hefo cannoedd o ffrindiau'n cario cleddyf a bwa saeth, doedd yr un mwnci wedi symud.

"Gawn ni ddod gyda chi dros y bont?" gofynnodd un i'r tywysog.

"Fedra i mo'ch gwrthod a chithau wedi gwneud cymaint."

Chwerthin wnaeth y milwyr wrth glywed y mwncïod yn siarad fel melin bupur tra'n croesi'r bont hir o India i Lanca. Y nhw oedd ar y blaen gan eu bod yn gallu neidio mor chwim. Er mwyn cael tipyn o sbort, dygodd un mwnci bach direidus helmed un o'r milwyr. Wedi ei gwisgo ar ei ben, rhedodd rhwng coesau'r milwyr eraill gan chwerthin dros y lle a dangos ei ddannedd i bawb.

"Dacw wlad Lanca!" gwaeddodd Rama. "Pawb i ofalu bod eu bwa a'u saethau a'u cleddyfau'n barod, â min ar bob cleddyf. Byddwn ni'n brwydro yn erbyn Rafana a'i filwyr yn fuan iawn."

Wedi i bawb gyrraedd y lan, dywedodd Rama wrth y mwncïod am fynd i'r coed i guddio cyn i'r ymladd gychwyn. Aeth pob un i ffwrdd yn dawel ac yn ufudd.

"Dacw Rafana a'i fyddin!" llefodd un o filwyr y tywysog.

Bu brwydro ffyrnig ar y traeth. Ambell dro, byddin Rafana oedd yn ennill. Ond tro arall, roedd Rama a'i ffrindiau'n drech na nhw. Yna'n sydyn dyma Rafana'n gwthio Rama yn erbyn coeden. Cododd y brenin creulon ei gleddyf uwch ei ben. Roedd ar fin taro'r tywysog pan neidiodd mwnci ar ei ysgwyddau. Gan nad oedd Rafana'n disgwyl hyn, gollyngodd y cleddyf o'i law. Gafaelodd y mwnci mewn carreg, a chyn i'r brenin allu gwneud dim roedd y mwnci'n ei daro'n galed yn ei wyneb. Dechreuodd yr holl fwncïod eraill sgrechian a gweiddi.

"Brysia i'w ladd o hefo dy gleddyf!" gwaeddodd yr Eryr ar Rama wrth hedfan uwchben.

Ond er bod y brenin yn gorwedd wedi ei anafu, gwelodd y mwncïod Rafana yn newid i fod yn fwystfil. Roedd deg o bennau hyll ganddo! Aeth y rhan fwyaf o'r mwncïod yn dawel unwaith eto gan eu bod wedi dychryn. Er i Rama dorri pennau'r bwystfil brwnt i ffwrdd â'i gleddyf, roedd pennau newydd yn tyfu mewn eiliad yn eu lle! Roedd yr

Eryr a'r mwncïod yn pryderu bod Rama'n mynd i gael ei ladd. Yna cofiodd Rama am ei saeth hud. Roedd hon yn saeth arbennig iawn ac yn wahanol i bob un arall. Doedd hi byth yn methu taro'r targed. Rhoddodd y tywysog hi'n ofalus ar linyn ei fwa. Anelodd at galon y bwystfil. Tynnodd y llinyn yn ôl â'i holl nerth gan gadw ei lygaid ar ei elyn. Yna gollyngodd ei afael ar y saeth hud. Hedodd honno yr un fath â gwennol yn hedfan i'w nyth. Trawodd ei tharged. Syrthiodd y bwystfil yn farw wrth i saeth Rama ei drywanu yn ei galon.

Rhedodd milwyr Rafana i ffwrdd mewn braw wrth weld eu harweinydd wedi cael ei drechu. Brysiodd Rama i achub Sita o balas y brenin drwg. Ar y ffordd yn ôl dros y bont i India, roedd y mwncïod wrth eu bodd yn dawnsio o'i chwmpas a Sita hithau'n chwerthin yn llon wrth edrych ar eu triciau. Wedi cyrraedd adre fe ddiolchodd Rama i'r Eryr a'r holl fwnciöd am eu help. Erbyn hyn roedd tad a mam wen y tywysog wedi cael eu hel o'r wlad gan bobl India. Cafodd y tywysog ifanc a'i wraig ddel groeso cynnes gan bawb. A chyn hir roedden nhw'n frenin a brenhines eu hunain.

Y GLEC YN Y GLUST

Roedd chwech o fleiddiaid bron â llwgu. Benyw oedd eu harweinydd. Roedd y lleill yn disgwyl iddi eu harwain at fwyd yn rhywle. Goleuai'r lleuad yr eira o'u cwmpas. Yna'n sydyn, fe glywsant sŵn. Oedd, roedd ceirw yn dod, a gobaith am gig i'w fwyta. Cymerodd yr arweinydd ei lle ar flaen y rhes wedi iddi rwbio llygaid, trwyn a gyddfau'r lleill yn arwydd iddyn nhw fod yn barod. Roedd hi wedi arfer â bod ar y blaen ers talwm, ac yn arweinydd wrth natur. Hi oedd yr un fwyaf mentrus pan oedd yn fach, a hi a gâi helynt a chweir gan ei mam am fod yn ddireidus a gwrthod gwrando arni! Ond y hi oedd y gyflymaf a'r ddewraf o'r teulu i gyd.

Poenai'n awr am y blaidd du. Roedd wedi torri ei goes ychydig ddyddiau cynt. Roedd rhai o'r lleill am ei adael ar ôl ond gwyddai'r arweinydd, os mai hi oedd yr orau am ddod o hyd i geirw, mai ef oedd y meistr am eu dal wedyn. Gan fod pump o'r bleiddiaid yn eu mysg wedi marw'r gaeaf cynt, allen nhw ddim fforddio gwneud heb y blaidd du.

I ffwrdd â'r rhes. Roedden nhw wedi hen arfer. Ambell dro fe deithient am bedair awr ar hugain heb aros bron, i chwilio am fwyd. Pan welodd rhai o'r ceirw nhw'n dod, dyma nhw'n aros yn stond am ychydig. Stopiodd y bleiddiaid lle roedden nhw hefyd. Ymhle roedd y rhai gwannaf? Dyna oedd ym meddwl y fleiddast, eu pennaeth. Ie, ar y dde yn y fan acw. Gallai hi arogli ofn y ceirw yma. Ond cyn cael cyfle i ymosod, sbonciodd y ceirw ymlaen ar draws yr eira yng ngogledd Canada, ar eu taith tua'r de.

A dyna hi'n ras! Y fleiddast ar y blaen, y lleill y tu ôl iddi, a'r un ieuengaf yn olaf yn y rhes. Gall carw redeg deg milltir yr awr yn gynt na blaidd, ond mae blaidd yn gryfach. Gall ddal ati i wibio am fwy o amser. Dechreuodd y ceirw flino, a chawsant eu dal gan eu gelynion. Yr oedd y fleiddast ar fin ymosod ar un carw, pan deimlodd yn benysgafn. Syrthiodd yn swp i'r eira. Roedd yr hen drwbl wedi dod yn ôl!

Ychydig fisoedd ynghynt, roedd hedyn caled o wair wedi mynd yn sownd y tu mewn i'w chlust. Ni allodd yn ei byw gael gwared ohono. Gwnâi hyn iddi gwympo o hyd, er ei bod yn ceisio cuddio'r peth rhag y bleiddiaid eraill. Unwaith y bydden nhw'n gwybod y gyfrinach, pa obaith fyddai ganddi i barhau yn arweinydd?

Syrthiodd rhwng coesau'r carw. Ceisiodd ei larpio. Ciciodd hwnnw hi'n giaidd. Erbyn hyn yr oedd rhai o'r ceirw eraill wedi dianc. Gwelai'r fleiddast ei ffrindiau yn mwynhau cig y ceirw roedden nhw wedi llwyddo i'w dal. Swatiodd hithau'n drist. Nid oedd tamaid o fwyd blasus i fod iddi hi. Roedd ganddi gywilydd fod y gweddill wedi ei chlywed yn crio fel babi ar ôl cael ei chicio. Roedd bron yn wallgo gan newyn.

Wedi i'r lleill gael digon, sleifiodd hi i fwyta darn o gig oedd ar ôl, heb i neb ei gweld. Yna gorffwysodd y bleiddiaid am ychydig ddyddiau wedi cael gwledd mor ardderchog. Wedi dechrau teimlo'n well, crwydrodd eu harweinydd o un blaidd i'r llall i ddangos mai hi oedd i fod i arwain o hyd. Er hynny, edrychai ambell un yn amheus a sarrug arni.

I ffwrdd â nhw i hela eilwaith ymhen ychydig amser. Roedd y blaidd du yn gloff iawn erbyn hyn. Bu'r pennaeth yn aros yn aml gan fynd yn ei hôl ar hyd y rhes i'w helpu a'i gysuro. Nid oedd y lleill yn hapus ar hyn o gwbl. Roedden nhw'n colli cyfle i ddal ceirw! Ymlaen â nhw eto ymhen ysbaid a pharhau i fynd am tua saith deg o filltiroedd. A dyma aros unwaith yn rhagor.

Gwyddai'r bleiddiaid nad oedd gan yr un du obaith i redeg gyda nhw o hyn allan. Roedd yntau yn gwybod hynny'n ogystal. Cododd ei ffroenau i'r awyr gan ddechrau udo. Ymunodd pob un o'r lleill yn yr udo hefyd. Roedd yn arwydd fod y bleiddiaid yn gorfod ffarwelio ag un a fu mor ffyddlon, fel teulu trist ar lan bedd agored mewn mynwent. Trodd y blaidd du oddi wrthyn nhw, a gorwedd. Byddai'n rhaid iddo hela ar ei ben ei hun o hyn ymlaen. Câi ambell lygoden hwyrach. Ond fe âi'n denau fel brwynen. Roedd yn amheus a fyddai byw drwy'r gaeaf dychrynllyd o oer yng ngogledd Canada.

Treuliodd y bleiddiaid eraill y gaeaf yn teimlo'n ddigon llwglyd hefyd. Ychydig o lwyddiant oedd ar hela. Eu pennaeth yn syrthio o hyd, a'r heliwr gorau ohonyn nhw wedi ei adael ar ôl yn un o'r coedwigoedd. Roedd pethau ychydig yn well yn ystod yr haf gan fod sgwarnogod, wyau ac adar i'w bwyta. Caent ambell garw ifanc os oeddcn nhw'n ffodus. Doedd dim rhaid i'r haid aros gyda'i gilydd y pryd hynny.

Yna dychwelodd y gaeaf. Gosododd yr arweinydd ei hunan ar flaen y rhes unwaith yn rhagor. Ni allai weld na chlywed yn iawn, a daliai i gwympo a theimlo'n sâl o hyd. Er hynny, i ffwrdd â nhw ar ôl ceirw. Y tro yma, fodd bynnag, âi'r lleill heibio iddi yn gynt a chynt, gan lwyddo i ddal ambell garw. Gwylltiodd y fleiddast gan geisio rhuthro'n gynt ar eu holau. Pigai'r boen yn gyson yn ei chlust.

Yna'n sydyn dyma hi'n llithro. Rholiodd i lawr ochr ceunant gan daro'i phen mewn carreg finiog. Dechreuodd y gwaed lifo o'r anaf. Ymlusgodd yr anifail er hynny yn flinedig a phoenus o araf yn ei hôl i fyny llethr y ceunant. Erbyn hyn roedd y lleill wrthi'n brysur yn gwledda ar gig carw. Arhosodd pob un yn stond pan ddaeth eu harweinydd i'r golwg. Doedden nhw ddim yn cydymdeimlo â hi. Gwyddai eu bod yn ei chasáu. Roedd eu llygaid yn fflachio'n fileinig. Camodd un anifail ymlaen gan ei osod ei hun yn ddigywilydd rhwng yr arweinydd a'r cig, rhag iddi gael dim.

Ni fu'r pennaeth druan erioed yn teimlo mor unig. Roedd pob un yn ei herio erbyn hyn. Gwyddai hithau beth oedd yn mynd trwy eu meddwl. Os nad oedd hi'n ddigon da i fod ar flaen y rhes, roedd yn rhaid cael arweinydd newydd. A doedden nhw ddim am rannu eu pryd o fwyd ag un mor llipa a da-i-ddim. Yna'n sydyn, dyma hi'n clywed clec yn ei chlust! Ysgwydodd ei phen. Oedd, roedd yr hen hedyn gwair caled wedi diflannu o'i chlust i rywle, diolch byth. Teimlodd yn well nag y bu ers misoedd. A chliriodd ei meddwl fel pe bai niwl wedi cael ei chwythu ohono.

Trodd at y bleiddiaid eraill. Teimlai ei phawennau yn hollol gadarn yn yr eira. Daeth nerth newydd i'w holl gorff. Roedd yr amser wedi dod i ymladd. Er iddi golli gwaed, roedd am ddangos pwy oedd eu pennaeth o hyd! Ond roedd yn rhaid iddi fod yn gall ac yn gyfrwys. Byddai'n sicr o gael ei lladd pe byddai mor ddiniwed â cheisio ymosod arnyn nhw i gyd. Roedd yn gwybod yn union beth i'w wneud.

Llygadodd y pedwerydd blaidd yn y rhes a safai'n rhythu arni. Gwyddai'r fleiddast mai y fo oedd y mwyaf nerfus. A fo oedd ei tharged! Roedd gobaith iddi drechu hwn. Anelodd amdano. Neidiodd am ei wddf cyn iddo sylweddoli beth oedd yn digwydd. Gwasgodd hi ei dannedd ynddo gan roi cweir iawn i'r blaidd yma. Roedd yntau wedi dychryn am ei fywyd.

Dechreuodd y lleill redeg ar draws ei gilydd wrth geisio ei amddiffyn. Ond cyn iddyn nhw gael siawns i ymosod arni hi, rhedodd y pennaeth yn wyllt o'r naill un i'r llall gan eu brathu neu eu taro. Yna neidiodd i ben craig oedd yn ymyl gan sefyll yn syth o'u blaenau. Oedd, roedd yn arweinydd arnyn nhw unwaith yn rhagor! Gwyddai'r gweddill mai hi oedd wedi ennill. Gwnaeth pob un le yn dawel iddi hi gael dod i lawr o'r graig, ac i fwyta'r hyn oedd yn sbâr o'r cig.

Cysgodd pob blaidd yn dawel y noson honno, – neu am ran o'r noson beth bynnag. Deffrôdd eu harweinydd yn sydyn pan glywodd sŵn udo. Cododd a rhedeg fel cysgod, yn isel a slei dros yr eira, tuag at y sŵn. Roedd hi mor falch o glywed yr udo yma â phan glywodd y glec yn ei chlust! Roedd yn adnabod yr udo. Ie, y blaidd du oedd yn gwneud y sŵn, a doedd o ddim ymhell oddi wrthi.

A dyma gyfarfod. Neidiodd y fleiddast a'r anifail du o gwmpas ei gilydd fel dau blentyn bach yn chwarae. Oedd, roedd y blaidd du yn dal yn fyw ac wedi dychwelyd at y lleill o'r diwedd. Cafodd groeso cynnes gan y gweddill, cyn llowcio cig carw.

Drannoeth aeth y rhes i hela fel arfer. Roedd llygaid eu harweinydd yn sgleinio gan falchder wrth glywed y blaidd du yn rhedeg mor gryf y tu ôl iddi. Gan fod ei goes wedi gwella'n ardderchog erbyn hyn, cafodd ei le pwysig yn ôl, yn ail yn y rhes. A gwyddai pob blaidd, wrth wibio dros yr eira fel sgïwr, na fyddai yr un ohonyn nhw'n llwgu y gaeaf hwnnw.

MORTHWYL DONAR

"Welaist ti'r fellten acw? Mae llygaid Donar yn fflachio am ei fod mewn tymer ddrwg!"

"A chlyw'r daran yn clecian. Llais uchel Donar wedi gwylltio ydi o."

Fel yna roedd pobl yn siarad pan oedd hi'n storm yn yr Almaen ers talwm. Bachgen ifanc cryf oedd Donar. Roedd pawb yn hoffi'r llanc â'r locsyn coch am ei fod mor barod i'w helpu. Doedd ganddo ddim ofn y tri chawr creulon oedd eisiau ei ladd chwaith. Thrum oedd enw un. Rhyw noson dygodd y cawr yma forthwyl Donar. Roedd y morthwyl yn un enwog. Doedd y llanc byth yn methu taro gelyn os oedd y morthwyl carreg ganddo.

"Waeth imi heb â mynd i ofyn i Thrum am y morthwyl. Fydd gen i ddim byd i ymladd hefo fo pe byddai'n ceisio fy nharo," meddai'r dyn ifanc digalon wrth un o'i ffrindiau.

"Mae pobl yn dweud bod y cawr mewn hwyliau da'r dyddiau hyn," atebodd ei gyfaill. "Fe af i draw i'w gastell i gael gair gydag o."

"Bydd yn ofalus, da thi."

Gan fod Thrum yn teimlo'n llawen ar ôl bwyta buwch gyfan, cafodd ffrind Donar wên a chroeso ganddo.

"Rydw i'n barod i roi'r morthwyl yn ei ôl i Donar," meddai Thrum. "Ond mae'n rhaid i'r dywysoges Frija fy mhriodi i'n gynta."

Doedd Frija ddim yn fodlon o gwbl. Aeth ffrind Donar yn ei ôl yn drist i ddweud yr hanes wrtho.

"Does dim gobaith imi gael fy morthwyl felly," ebe'r llanc â'r farf goch.

"Mae gen i syniad," meddai ei gyfaill dan wenu. "Beth am i ti wisgo fel Frija, ac yna fe awn ni'n dau i weld Thrum."

"Ond fe fydd y cawr slei'n sicr o ddod i wybod am ein tric."

"Ddim ar y dechrau. Rwy'n siŵr y cei di gyfle i gipio'r morthwyl a dianc cyn i Thrum ddeall ein cynllun."

Er nad oedd Donar yn fodlon iawn, daeth ei ffrind o hyd i ddillad hardd tebyg i rai Frija. Cafodd Donar sbort yn eu gwisgo. Rhoddodd ei gyfaill wallt gosod am ei ben.

"O, rwyt ti'n edrych yn hardd. Ga i gusan os gwelwch yn dda?"

"Paid â siarad yn ddwl," atebodd Donar dan chwerthin. "Tyrd, mae'n bryd inni fynd i gastell Thrum."

Cofiodd Donar wasgu ei wregys yn dynnach amdano o dan ei ddillad benthyg. Roedd yn rhaid gwneud hyn i fod yn gryfach ac yn barod i ymladd. Cafodd y ddau groeso llon gan y cawr.

"Bobol bach, mae Frija wedi bwyta llawer," meddai Thrum mewn syndod. "Wyddwn i ddim bod merched yn cymryd cymaint o fwyd."

Roedden nhw newydd fwynhau gwledd o fwyd blasus.

"Dydi Frija ddim wedi cael pryd ers dyddiau," atebodd ffrind Donar, "am ei bod mor gyffrous wrth feddwl am eich priodi chi."

Roedd Thrum wedi ei blesio'n fawr wrth glywed hyn. Aeth i eistedd yn nes at Donar.

"O, mae gynnoch chi wallt melyn hardd!"

Symudodd ychydig o'r gwallt gosod yn ofalus.

"Er mwyn imi gael gweld pa liw ydi'ch llygaid," meddai wedyn gan geisio swnio'n garedig wrth wneud hynny.

Neidiodd y cawr yn ei ôl wedi dychryn gan fod llygaid Donar yn fflachio fel mellt.

"Peidiwch â dychryn," meddai ffrind y llanc wrth Thrum, gan wneud esgus. "Dydi Frija druan ddim wedi cysgu ers dyddiau am ei bod yn meddwl cymaint am eich cyfarfod. Dyna pam mae ei llygaid yn tanio'n goch."

Gwenodd Thrum. Roedd yn credu pob gair!

"Popeth yn iawn, 'nghariad i," meddai'n ddistaw. "Arhoswch chi'n dawel yn y fan yma. Rydw i'n mynd i nôl anrheg ichi."

Daeth yn ei ôl gan osod morthwyl Donar yn ofalus ar y llawr wrth ei ochr.

"Ga i afael yn eich llaw ddel?"

Dyma'r llanc yn estyn ei law allan. Ond yn lle ei rhoi yn llaw fawr flewog Thrum, plygodd i afael yn ei forthwyl.

"Donar nid Frija ydw i!"

Neidiodd ar ei draed gan chwerthin dros y lle. Roedd ei lais fel taran. Cafodd Thrum gymaint o fraw nes iddo ddisgyn o'i gadair. Gwelodd Donar ei gyfle. Cododd y morthwyl a tharo'r cawr yn ei dalcen. Roedd y glec fel ci'n cnoi asgwrn. Syrthiodd Thrum yn sypyn marw ar y llawr.

"Dyna ni wedi cael gwared ar un o'r tri," meddai ffrind Donar wrtho. "I ffwrdd â ni adre rŵan."

Ymhen ychydig ddyddiau daeth gwas un o'r ddau gawr arall, Geirod, at Donar.

"Mae Geirod fy meistr yn cynnal parti yn ei gastell heno," meddai'r gwas. "Ac mae o eisiau i chi ddod yno i gael hwyl hefo fo."

"Gwell i ti aros gartre." Ffrind Donar oedd yn sibrwd yn ei glust. "Tric ydi hyn."

"Na, mae'n gyfle gwych imi ymladd yn erbyn Geirod," atebodd y llanc â'r locsyn coch. "Aros di yma i edrych ar ôl y lle. Fe wnest ti ddigon i'm helpu i drechu Thrum."

Wedi gwasgu ei wregys yn dynnach a rhoi ei forthwyl carreg ynddo, roedd Donar yn barod i fynd gyda gwas yr ail gawr creulon.

"Cofia am dy fenig haearn," meddai ei ffrind. "Mae rhywbeth yn dweud wrtha i y byddi fwy o eisiau'r rhain na'r morthwyl y tro hwn."

Cymeroddd Geirod arno ei fod yn ffrind i Donar. Ar ôl bwyta digon o gig ac yfed llawer o win, dyma bawb yn dechrau canu a dawnsio. Er hynny roedd Donar yn cadw ei lygaid ar y cawr gan ei fod yn ei amau. Yna'n sydyn dyma'r cawr yn gweiddi:

"Stopiwch y canu a'r dawnsio. Mae Donar a minnau'n mynd i chwarae gêm."

Gwelodd pawb y wên fileinig ar ei wyneb. Aeth at y

tanllwyth tân anferth oedd ar ganol llawr y neuadd. Dyma fo'n gafael mewn darn o haearn oedd mor boeth yn y fflamau nes roedd yn wyn.

"Druan o Donar," gwaeddodd rhywun.

"Ie. Mae Geirod yn gallu gafael mewn haearn gwynias heb losgi. Does gan Donar ddim siawns!" meddai un arall.

Roedd y llanc yn barod am y cawr, fodd bynnag. Tynnodd ei fenig haearn o'i wregys gan eu gwisgo mewn chwinciad. Doedd o ddim wedi tynnu ei lygaid oddi ar y cawr am eiliad.

"Ha-ha, fydd dy forthwyl carreg di'n dda i ddim yn erbyn hwn," gwaeddodd hwnnw'n ffiaidd dros y lle.

Lluchiodd yr haearn gwynias at Donar. Roedd fel comed yn gwibio ar draws y neuadd, â gwreichion yn tasgu ohoni. Er syndod i bawb, fe afaelodd Donar yn hawdd yn y darn metel chwilboeth. Yna wedi ei chwifio ddwywaith uwch ei ben, dyma fo'n ei hyrddio'n ei ôl at Geirod. Roedd hwnnw'n sefyll yn stond a'i geg yn agored gan iddo gael cymaint o syndod. Cuddiodd mewn pryd, er hynny, y tu ôl i golofn garreg fawr. Un o'r rhai oedd yn dal to'r neuadd oedd hon. Roedd y cawr yn credu'n siŵr ei fod yn berffaith ddiogel yno.

"Bang!"

Trawodd yr haearn fflamgoch y golofn fel roced tân gwyllt. Ond yn lle neidio i ffwrdd a disgyn i'r llawr, aeth yn syth trwy ganol y golofn garreg! Cyn i Geirod ddeall beth oedd yn digwydd, roedd y darn haearn wedi mynd trwy'i stumog. Syrthiodd yn farw ar y llawr. Ar ôl ei ladd, rhedodd Donar o'r neuadd gan fod y colofnau cerrig i gyd wedi cracio a dechrau cwympo. Yna daeth y to'n deilchion i'r llawr. Cyn pen ychydig iawn o amser, roedd y castell cyfan wedi syrthio'n ddarnau. Ffodd pawb arall am eu bywyd o'r lle. Clywodd pob un Donar yn chwerthin, a'i lais fel taran yn rhuo wrth iddo ddianc adre'n ddiogel at ei ffrind.

"Fe fydd y trydydd cawr, Hymir, yn siŵr o geisio cael gafael arnat ti ar ôl iti ladd ei ddau ffrind, Thrum a Geirod," meddai ei gyfaill wrtho.

Draw yn ei gastell roedd Hymir yn meddwl am ffordd i gael gwared o Donar.

"Mae o'n hoffi pysgota," meddai wrtho fo'i hunan. "Rydw i'n siŵr o gael cyfle i'w foddi pan fyddwn ein dau allan ar y môr mawr."

Aeth gwas y cawr i ofyn i Donar ddod gyda'i feistr i geisio dal pysgod.

"Paid â mynd," meddai cyfaill Donar wrtho. "Tric ydi hyn eto."

"Does arna i mo'i ofn," atebodd y llanc â'r locsyn coch gan afael yn ei forthwyl mawr a dilyn gwas Hymir i gastell y cawr.

Aeth hwnnw â'r dyn ifanc allan ar ei gwch. Wedi i'r ddau fod yn pysgota am dipyn, dywedodd y trydydd cawr wrth Donar,

"Yn ôl â ni i'r lan rŵan. Os awn ni ymhellach i'r môr llydan fe fyddwn mewn peryg. Mae'r Neidr Fawr yn byw yn y fan honno. Rydyn ni'r cewri hyd yn oed yn ofni honno."

Ond gafaelodd y llanc yn y rhwyfau'n dynnach, ac aeth

y cwch allan ymhellach i'r môr dwfn. Erbyn hyn roedd Hymir yn crynu gan ofn. Ar ôl rhwyfo am hir, dyma Donar yn ailddechrau pysgota gan chwerthin am ben y cawr ofnus. Yn sydyn llyncodd y Neidr Fawr yr abwyd a oedd ar fachyn pysgota'r llanc. Tynnodd a thynnodd ar y lein. Syrthiodd Donar dros ochr y cwch i'r dŵr. Wedi ymladd yn ffyrnig ar wely'r môr, gafaelodd y llanc yn y Neidr Fawr gan nofio yn ei ôl i wyneb y dŵr. Lluchiodd y Neidr Fawr i'r cwch ond daliodd ei afael yn y lein bysgota. Tra oedd Donar yn gorwedd ar waelod y cwch am funud i gael ei wynt, torrodd Hymir y lein bysgota.

"Ha-ha, mae'r Neidr Fawr yn sicr o'i ladd am hyn," meddyliodd. "Fydd dim angen i mi geisio ei foddi wedyn!"

Llithro o'r cwch i'r môr wnaeth y Neidr, er hynny. Taflodd Donar ei forthwyl i'r dŵr ar ei hôl. Ond roedd yr hen fwystfil o'r tonnau wedi dianc i lawr i'r lli dwfn.

"Rydw i'n benderfynol o ladd y Neidr Fawr," gwaeddodd Donar gan droi at Hymir. "Ac fe ladda i dithau wedi imi ddod yn ôl."

Cyn i'r cawr sylwi beth oedd yn digwydd, neidiodd y llanc dros ymyl y cwch a nofio i lawr at wely'r môr. Wedi ei weld yn dod, gwibiodd y Neidr Fawr ato. Ceisiodd hi lapio ei chorff am Donar i'w wasgu'n farw dan y dŵr. Roedd y môr yn berwi wrth i'r ddau droi a throsi gan geisio ennill y frwydr fawr. Aeth y dyn ifanc yn wannach ac yn wannach. Roedd fel pe bai'n cael ei wasgu mewn feis. Ond ar ôl gwneud ei wregys yn dynnach gafaelodd yn sownd yn ei forthwyl. Wedi anelu am ben y Neidr Fawr, trawodd hi â'i holl nerth. Er hynny, daliai'r bwystfil i wasgu a gwasgu nes roedd Donar bron â methu cael ei wynt.

"Aros di'r cnaf, chei di ddim fy lladd i!" meddyliodd y llanc.

Cafodd nerth newydd o rywle. Cododd ei forthwyl carreg enwog unwaith yn rhagor. Disgynnodd hwnnw fel craig ar wyneb y Neidr. Teimlodd Donar gorff hir y bwystfil yn llacio ei afael ynddo. Suddodd ei elyn yn farw ar wely'r môr.

Cododd Donar i wyneb y dŵr fel pysgodyn yn gwibio rhag siarc. Er ei fod wedi blino'n ofnadwy, nofiodd yn ei ôl i'r cwch. Am fod Hymir yn meddwl bod Donar wedi ei ladd ers meitin gan y Neidr Fawr, roedd wedi gorffwys a syrthio i gysgu yn ei gwch. Cyn iddo gael cyfle i ymosod ar y llanc, trawodd Donar y cawr yntau ar ei dalcen a'i ladd. Lluchiodd gorff y trydydd cawr i'r môr. Yna rhwyfodd adre'n araf. Roedd llygaid y dyn ifanc yn fflachio fel mellt a'i chwerthin yr un fath â tharan uwch y tonnau wrth iddo adrodd yr hanes wrth ei gyfaill.

POWLEN BINAMA

Un tro yn Awstralia yr oedd Neidr a Chrwban y Môr yn cael sgwrs. Yr adeg honno roedd dau ddant hir gan y Crwban. Pan fyddai gelyn yn ceisio ymosod, gallai chwythu gwenwyn trwy'r dannedd, a'i ladd. Doedd gan y Neidr erstalwm ddim byd tebyg i'w hamddiffyn.

"Beth am i ti roi dy ddannedd i mi?" gofynnodd y Neidr i'w ffrind. "Rwyt ti'n gallu dianc i'r dŵr os daw gelyn ar dy ôl. Does arnat ti ddim angen dannedd a gwenwyn hefyd."

"Be ga i gen ti yn eu lle?"

"Mae gen i ben harddach na thi. Fe gei di mhen i os rhoddi di'r dannedd a'r gwenwyn i mi."

A dyna wnaethon nhw. I ffwrdd â'r Neidr wedyn. Aeth Crwban y Môr i ddangos ei ben newydd sbon i'w ffrindiau.

"Rwyt ti wedi gwneud peth gwirion iawn," meddai un ohonyn nhw wrtho. "Mae gan bob un ohonon ni rywbeth i gadw ein gelynion draw. Fydd gen ti ddim byd!"

"Peidiwch â phoeni," atebodd Crwban y Môr. "Edrychwch arna i. Rwy'n gallu nofio'n well na'r un ohonoch chi oddi wrth bob peth fydd eisiau fy lladd."

I mewn â fo i'r dŵr. Nofiodd draw i ynys heb fod ymhell o Awstralia.

"Bobol bach, mae gen i eisiau bwyd," meddai wrtho fo'i hunan ar ôl cyrraedd y lan.

Roedd aderyn pwysig dros ben yn byw ar yr ynys hon. Binama oedd ei enw. Roedd yn hoff iawn o fwyta bananas. Newydd fod yn casglu rhai roedd Binama cyn i Grwban y Môr gyrraedd.

"O, dyna fwyd blasus," meddai hwnnw gan nesu'n araf at y ffrwythau.

Dechreuodd gnoi banana.

"Stopia'r lleidr!"

Cafodd Crwban y Môr ei ddal gan ddau aderyn. Eu gwaith nhw oedd edrych ar ôl cartre eu pennaeth, Binama.

"Y gosb am ddwyn bananas ar yr ynys hon ydi cael dy ladd!" ebe un.

Crynodd Crwban y Môr wrth glywed yr aderyn pwysig yn siarad mor gas.

"Ond roeddwn i eisiau bwyd wedi nofio mor bell," meddai'n dawel wrth Binama a'r holl adar eraill o'i gwmpas.

"Pam na faset ti wedi gofyn am fanana, yn lle ei ddwyn?" holodd y pennaeth.

Dywedodd wrth y lleill am glymu Crwban y Môr wrth goeden.

"Fe awn ni i chwilio am goed i wneud tân. Wedi dod yn ôl mi laddwn y lleidr. Cawn swper blasus wedi ei rostio."

Ceisiodd Crwban y Môr ddianc, ond roedd yn rhy araf.

Gafaelodd dau aderyn a oedd yn weision i Binama ynddo a'i roi'n sownd wrth goeden. Yna hedodd yr holl adar o gwmpas yr ynys i hel brigau a dail i wneud coelcerth.

"Biti mod i wedi rhoi fy nannedd a'r gwenwyn i'r Neidr. Fedra i wneud dim i edrych ar fy ôl fy hun nac i ymladd yn erbyn yr adar creulon yma," meddyliodd Crwban y Môr.

Dechreuodd grio am ei fod yn unig ac yn ofnus. Roedd yn edifar ganddo ei fod wedi nofio ymhell oddi wrth ei ffrindiau yn Awstralia, – a hynny er mwyn dangos ei hun.

Wedi cau ei lygaid yn dynn, dyma fo'n ceisio meddwl yn gyflym am gynllun i ddianc cyn i Binama a'r adar eraill ddod yn ôl. Wrth edrych o'i gwmpas yn ofalus, gwelodd gywion bach yn chwarae yn y gwair yn ei ymyl. Rhai o blant Binama oedd y rhain. Roedden nhw'n rhy ifanc i hedfan.

"O, fe hoffwn i chwarae gêm hefo chi," meddai Crwban y Môr wrth y cywion bach hapus. "Ond rydw i'n sownd wrth yr hen goeden yma. Wnewch chi ddatod y clymau?"

Gan fod Crwban y Môr yn siarad mor hoffus, dyma nhw'n nesu ato. Er eu bod yn fach, roedd ganddyn nhw bigau cryf. O'r diwedd dyma nhw'n llwyddo i ddatod pob un o'r clymau tynn oedd yn cadw Crwban y Môr yn garcharor. Yna fe gawson nhw i gyd sbort wrth chwarae pob math o gêmau ar y traeth. Sylwodd y cywion bach llawen ddim ar eu ffrind newydd yn mynd yn slei bach, yn nes ac yn nes at y môr.

Yn sydyn dyma un o'r cywion yn cael y syniad o roi'r bowlen fawr oedd yn perthyn i'w tad, Binama, ar gefn Crwban y Môr. Rhedodd rhai ohonyn nhw i'r tŷ i'w nôl ac yna'i llusgo i lawr at y traeth. Wedi gwthio a gwthio, gan chwerthin nes roedden nhw'n rholio ar draws ei gilydd ar y tywod, dyma lwyddo i roi'r bowlen fawr ar gefn Crwban y Môr. Roedd hwnnw'n gwenu'n dawel drwy'r amser gan symud yn araf ond yn sicr at ymyl y dŵr.

"O, mae ganddo ben del!" meddai un o'r cywion.

"Beth am roi rhai o berlau Dad am ei wddw am hwyl?" gofynnodd un arall. "Fe fydd yn edrych yn hardd wrth wisgo'r rhain a'r bowlen."

Roedd Crwban y Môr, yn naturiol iawn, ar frys eisiau cyrraedd y dŵr. Ond doedd o ddim am i'w ffrindiau bach feddwl ei fod ar hast eisiau dianc. Felly fe arhosodd nes yr aeth rhai ohonyn nhw'n ôl i'r tŷ i chwilio am y gadwyn o berlau.

"Gobeithio na ddaw'r adar mawr yn eu holau cyn imi gael cyfle i lithro i donnau'r môr a nofio i ffwrdd," meddai wrtho fo'i hun.

"Go dda, rwyt ti'n edrych fel brenin," ebe un o'r cywion ar ôl dod o hyd i'r perlau a'u rhoi am wddw Crwban y Môr.

"Edrychwch, – mae'r adar mawr i gyd wedi dod yn ôl," gwaeddodd cyw arall.

Cyn i neb sylwi dim, roedd Crwban y Môr wedi diflannu i'r dŵr. Doedd y cywion bychain del a diniwed ddim yn deall pam roedd pob aderyn mawr wedi gwylltio ac yn dweud y drefn wrthyn nhw ar y traeth.

"Rydych chi wedi gadael i'r lleidr ddianc, y cnafon dwl!" gwaeddodd Binama.

"Dim ond am ei fod bron â llwgu y gwnaeth o ddwyn. A dim ond un banana ddygodd o," meddai un cyw bach nerfus.

"Beth am y gadwyn o berlau a'r bowlen ddrud?" gofynnodd Binama'n sarrug.

"Nid eu dwyn nhw ddaru o. Y ni roddodd nhw arno fo er mwyn cael tipyn o sbort," atebodd cyw bach arall yn grynedig.

Erbyn hyn roedd Crwban y Môr yn nofio ymhell o'r ynys. Ceisiodd rhai o'r adar ei ddilyn ond âi i lawr a chuddio dan y tonnau'r adeg honno. Taflodd Binama gerrig llyfn o'r traeth ar ei ôl. Torrodd un garreg y gadwyn o berlau am wddw'r Crwban a suddodd y trysor i waelod y dŵr.

"Twt, waeth befo am y perlau," meddyliodd y nofiwr wrth ddianc yn ddiogel. "Maen nhw wedi methu taro'r bowlen. Hynny sy'n bwysig."

Roedd y bowlen wedi aros yn sownd ar ei gefn. Byddai yno am byth.

"Rydw i wedi colli nannedd a'r gwenwyn, ond fe fydd y bowlen gen i fel tŷ ar fy nghefn. Fe alla i guddio ynddi rhag unrhyw elyn," meddai Crwban y Môr yn dawel wrtho'i hun.

Roedd wedi mynd yn ddigon pell o ynys yr adar cas a'r cywion annwyl erbyn hyn. Doedd dim rhaid iddo nofio mor gyflym a chaled. Aeth yn ei flaen yn llon ac araf tua thir Awstralia. Roedd yn teimlo'n lwcus iawn ei fod yn dal yn fyw. Penderfynodd, er hynny, na fuasai byth yn dwyn dim byd byth wedyn!

"Hyd yn oed os bydda i bron â llwgu," meddyliodd.

O'r diwedd, dyma fo'n cyrraedd tir mawr Awstralia.

Bu'n gorffwys am ychydig yng nghysgod coeden ar lan y dŵr, gan gofio am y goeden arall ar yr ynys fechan yn y môr. Yna aeth yn ei flaen i ddweud yr hanes cyffrous am fowlen Binama wrth ei gyfaill gorau, – y Neidr.

ANGHOFIO

"Mi fydd yn braf pan fydd y llong wedi ei gorffen."

"Bydd wir, ac fe allwn ni hwylio ynddi i chwilio am wledydd newydd dros y môr."

Dau o adeiladwyr llong bren yn y Ffindir oedd yn siarad. Roedd gwaelod y llong yn ei le'n barod.

"Wedi llifio a tharo a thynnu rhaff,
 Hwrê, hwrê, mae'r cîl mawr yn saff."

Dyna'r geiriau roedd y rhai a wnaeth y rhan yma o'r llong yn eu canu wrth weithio. Roedd yn rhaid canu geiriau gwahanol wrth chwysu i adeiladu pob rhan o'r llong. Doedd y darnau ddim yn mynd i'w lle heb ganu'r geiriau cywir.

"Mae'r bow bron yn barod i fynd i'r don,
 A'r preniau sy'n sgleinio yn newydd sbon."

Canai pobl y geiriau yna'n hapus wrth roi tu blaen y llong at ei gilydd. Roedd pawb yn edrych ymlaen am y fordaith.

"Rhaid bod yn ofalus gyda phob darn
 A'u rhoi yn eu lle i orffen y starn."

Oedd, yr oedd tu ôl y llong hefyd bron â'i orffen.

"Be sy'n bod ar y gweithwyr acw?" gofynnodd rhywun. "Dydyn nhw ddim wedi dechrau gwneud yr hwylbren!"

"Maen nhw wedi anghofio geiriau'r pennill i wneud eu rhan nhw o'r llong, mae'n siŵr iti," atebodd un arall.

Roedd yn llygaid ei le. Edrychai'r bechgyn ifanc oedd i fod i wneud a chodi'r hwylbren yng nghanol y llong yn ddigalon dros ben. Enw un ohonyn nhw oedd Fainamoinen. Am fod ganddo enw mor hir, roedd ei ffrindiau'n ei alw yn Fai.

"Y ti, Fai, oedd i fod i gofio'r geiriau!"

"Ond maen nhw wedi diflannu o'm cof i."

"Twt, mae'n rhaid iti gofio geiriau'r pennill. Dy daid ddaru eu dysgu nhw iti erstalwm."

Dyna'r lle'r oedden nhw'n ffraeo. Peidiodd pawb â gweithio yn rhannau eraill y llong, gan ddod i edrych beth oedd yn bod. Bu pob un wrthi'n ceisio ei orau glas i gofio'r geiriau. Ond methu wnaethon nhw.

"Mae'r cawr Antero yn gwybod geiriau'r pennill i wneud yr hwylbren," meddai un o'r dynion.

Aeth pawb yn dawel.

"Does dim gobaith gorffen y llong felly," atebodd gweithiwr arall. "Hen gawr cas ydi Antero a fydd o ddim yn fodlon ein helpu."

"Mi a i draw i chwilio amdano, gan mai arna i mae'r bai am anghofio geiriau'r gân," ebe Fai.

Dechreuodd pawb siarad ar draws ei gilydd.

"Mae o'n siŵr o dy ladd di."

"Pobl fel ni ydi ei fwyd o!"

"Ddoi di byth adre'n fyw."

Ond roedd Fai yn benderfynol.

"Fedrwn ni ddim adeiladu'r un llong byth eto heb wybod geiriau'r gân i wneud yr hwylbren. Ewch yn ôl at eich gwaith a gorffen rhannau eraill y llong. Fe ddof yn ôl cyn hir," meddai.

I ffwrdd â fo i chwilio am y cawr gan gario'i bastwn a'i fwyell. Roedd un peth arall ganddo hefyd, – ei ffon hud. Roedd ei daid wedi ei rhoi yn anrheg iddo. Heb hon doedd ganddo ddim gobaith yn erbyn Antero'r cawr.

Wedi cyrraedd y goedwig lle'r oedd Antero'n byw, dyma fo'n aros a gwrando. Clywodd sŵn y cawr yn chwyrnu. Ar ôl dilyn y twrw am ychydig, gwelodd Antero yn gorwedd yng nghanol y goedwig. Roedd y coed o'i gwmpas yn siglo'n ôl ac ymlaen wrth iddo chwyrnu dros y lle. Doedd Fai erioed wedi gweld creadur mor fawr yn ei fywyd.

"Mae o bron yr un faint â'r llong rydyn ni ar ganol ei gwneud," meddai wrtho'i hun cyn gweiddi ar y cawr:

"Ydych chi'n cofio'r geiriau i wneud yr hwylbren?"

Dim ateb. Doedd y cawr ddim wedi ei glywed. Er ei fod yn crynu fel ci bach wedi cael cerydd, dyma Fai yn rhoi pwniad i Antero â'i bastwn.

"Pwy sy 'na?" rhuodd y cawr.

Syrthiodd rhai o'r coed i'r llawr ar ôl i'r gwynt o geg Antero eu taro wrth iddo siarad. Cwympodd Fai ar ei hyd hefyd. Edrychodd yn syn ar y cawr yn codi. Roedd bron mor uchel ag ambell goeden o'i gwmpas. Gofynnodd Fai yr un cwestiwn eto wrth iddo yntau godi ar ei draed.

"Na, dydw i ddim yn cofio geiriau'r pennill," atebodd Antero, "ond rydw i'n gwybod ble maen nhw wedi cael eu cuddio. Ac mi rydw i'n cofio hefyd mod i heb gael cinio. Fe wnei di bryd o fwyd ardderchog imi."

Plygodd y cawr gan obeithio cipio Fai yn ei ddwrn caled. Rhedodd Fai y tu ôl i goeden. Pan ddaeth y cawr yn nes, dechreuodd y llanc dorri rhai o'r coed i lawr yn sydyn â'i fwyell. Baglodd Antero ar eu traws wrth geisio unwaith eto gael gafael ar Fai. Wrth glywed y dyn ifanc yn chwerthin am ei ben, dyma'r cawr yn colli ei dymer o ddifri gan weiddi,

"Aros di imi gael gafael ynot ti. Mi wna i dy fwyta di a'th long."

Rhedodd yr anifeiliaid o'r goedwig wrth glywed y fath floedd a doedd yr un aderyn ar ôl ar ganghennau'r coed. Gwelodd Fai fysedd y cawr, fel pum banana anferth, yn gwneud eu gorau i gloi amdano. Neidiodd i'r ochr gan dorri mwy o'r coed â'i fwyell nes y torrodd honno'n ddarnau. Baglodd Antero ar draws y coed eto gan syrthio ar wastad ei gefn. Yna gwthiodd Fai ei bastwn rhwng ei ddannedd ac i mewn i'w geg.

"AW!"

Agorodd ceg y cawr fel ogof wrth iddo sgrechian. Syrthiodd Fai i fewn i'w geg yr un pryd, a chafodd ei lyncu. Teimlodd ei hun yn llithro heibio i'r pastwn ac i lawr corn gwddw Antero. Wrth lwc, roedd ei ffon hud yn dal yn sownd wrth ei wregys. Dyna'r unig beth oedd ganddo ar ôl i'w helpu.

"Bang!"

Glaniodd Fai fel crempog yn stumog y cawr. Edrychodd o'i gwmpas. Gan nad oedd y cawr wedi bwyta ers meitin, roedd y lle'n wag.

"Mae o fel y tu mewn i eglwys fawr," meddyliodd y llanc.

Roedd yn rhaid iddo ddianc. Ac roedd yn rhaid iddo wneud i Antero ddweud wrtho beth oedd geiriau'r gân i orffen adeiladu'r llong. Cofiodd am y ffon hud a gafodd gan ei daid.

"Helpa fi. O, helpa fi!"

Yn sydyn, gwelodd stumog y cawr yn newid i fod yn debyg i efail y gof. Yr oedd yno fegin i chwythu'r tân, morthwyl ag eingion. Wedi i Fai afael yn y morthwyl trwm dyma ddechrau taro'r eingion.

"O, y sŵn yna. Mae o'n fy ngwneud i'n wallgo!" gwaeddodd Antero dros y goedwig.

"Os gwnei di ddweud ble mae'r geiriau wedi eu cuddio, wna i ddim rhagor o sŵn," atebodd Fai o du mewn i'w stumog.

Gwrthod, er hynny, wnaeth y cawr. Chwythodd Fai y tân yn boethach ac yn boethach â'r fegin fawr gan ddal i daro'r eingion yr un pryd.

"O, mi rydw i'n llosgi. Paid, da thi!"

Doedd dim llawer o goed ar ôl heb syrthio yn y goedwig gan fod sgrech ar ôl sgrech yn eu chwythu i'r llawr. Gofynnodd Fai yr un cwestiwn unwaith eto. Ond doedd Antero ddim yn barod i ddweud y gyfrinach wrtho hyd yn oed wedyn.

"O'r gorau," meddai Fai yn benderfynol.

Wedi gafael â gefel mewn darn o haearn, rhoddodd hwnnw yn y tân nes roedd yn goch, goch. Chwythodd y fegin eto nes roedd y fflamau'n goelcerth a'r gwreichion yn dawnsio i bob man. Roedd y darn haearn erbyn hyn mor boeth nes roedd yn wyn, wyn. Gwthiodd Fai yr haearn gwynias i mewn i ochr stumog y cawr. Doedd dim rhaid i'r llanc ofyn y cwestiwn eto gan i Antero sgrechian:

"Paid, paid! Rwy'n fodlon dweud y gyfrinach!"

Wedi diolch yn dawel i'r ffon hud, gafaelodd Fai yn dynn ynddi. Teimlodd ei hun yn cael ei godi o du mewn y cawr.

"Diolch byth am yr awyr iach!" meddai ar ôl dod allan.

Roedd Antero'n gorwedd mewn poen.

"Tyrd inni gael mynd i chwilio am eiriau'r gân," gwaeddodd Fai arno.

Cododd y creadur mawr fel oen bach ofnus gan edrych yn ddigalon. Yna cerddodd o flaen y llanc i ran dywyll o'r goedwig lle roedd y coed heb gael eu chwythu i lawr.

"Mae geiriau'r pennill mewn cist yng ngwaelod twll wrth fôn y goeden yma," meddai'n grynedig wrth Fai.

"Chwilia di am y twll," atebodd y gŵr ifanc. "Mae dy hen ddwylo creulon di'n ddigon mawr."

Aeth y cawr ar ei liniau'n ufudd. Dechreuodd Fai chwerthin yn ddistaw gan fod Antero erbyn hyn mor wahanol i'r cawr anferth a fu'n dychryn pawb ers blynyddoedd.

"Tyrd yn dy flaen. Brysia," meddai'n swta wrth Antero. Daeth y gist haearn i'r golwg yn fuan. Cafodd Fai drafferth, fodd bynnag, i symud y caead gan ei fod wedi rhydu. Ond o'r diwedd dyma fo'n agor gan wichian yr un fath â llygoden yn cael ei gwasgu ym mhawen cath. Gwelodd y llanc ddarn o hen groen yng ngwaelod y gist. Roedd geiriau arno. Doedd hi ddim yn hawdd eu darllen nhw ond ar ôl craffu'n hir, adroddodd Fai nhw'n uchel:

"Rhaid dewis y gorau o'r holl goed mawr
I wneud yr hwylbren, un uchel fel cawr."

Wedi i Antero addo byhafio, gadawodd Fai iddo fynd i ffwrdd. Rhedodd y llanc wedyn at ei ffrindiau. Roedd yn chwerthin yn hapus wrth frysio gan ddysgu'r geiriau'n iawn tra'n llamu yn ei flaen. Wedi cyrraedd yn ôl at y lleill, cafodd groeso cynnes a phawb yn siarad ar unwaith:

"Roedden ni'n meddwl yn siŵr na fasen ni byth yn dy weld eto."

"Wyt ti wedi cael y geiriau?"

"Be ddigwyddodd?"

Wedi i Fai adrodd yr hanes yn frysiog, aeth pawb i helpu i orffen y llong. Roedd popeth yn barod ymhen dau ddiwrnod i lansio'r llong. I mewn i'r dŵr â hi gan edrych yn ardderchog ar y tonnau. Aeth Fai a'r gweithwyr i gyd ar ei bwrdd gan edrych ymlaen at fordaith lawen, gan ganu:

"I ffwrdd â ni
Gan hwylio'r lli
I wlad newydd sbon
Ar draws y don."

DWY SACH

"Hen waith caled ydi torri'r coed yma," meddai Gewi.

"Paid â chwyno bob munud. Mae gen ti feistr caredig sy'n rhoi digon o fwyd iti, a diod," ebe Bobo a oedd yn gweithio hefo fo.

Yn Affrica roedden nhw'n byw. Doedd Gewi byth yn fodlon ar ddim. Torri coed i'w feistr roedd o ar y pryd.

"Fe hoffwn i gael digon o aur, a pheidio â gorfod gwneud dim byd byth wedyn," meddai Gewi wrth ei gyfaill.

"Mae'n hen bryd i rywun ddysgu gwers i ti," atebodd Bobo. "Er ein bod ni'n dau'n fechgyn tlawd, fe ddylen ni deimlo'n llawen ein bod ni'n fyw ac yn iach. Mi wn i am lawer o bobl gyfoethog sy'n drist. Dydi aur ddim wedi eu gwneud nhw'n hapus."

Aeth Bobo i ran arall o'r goedwig i dorri mwy o goed. Yn sydyn, wedi iddo fynd, gwelodd Gewi ddysgl fawr, yn sownd wrth gadwyn, yn dod i lawr yn ara deg o'r awyr. Wedi iddi lanio mewn lle clir, daeth bachgen allan ohoni. Rhedodd Gewi ato.

"Mab Brenin Gwlad y Cymylau ydw i," meddai'r bachgen. "Mae nhad wedi dweud y cei di ddod i fyny am dro i'n gwlad ni. Bydd yn newid iti ar ôl torri'r holl goed yna."

Roedd Gewi wrth ei fodd yn clywed hyn. Camodd yn ofalus i'r ddysgl. Roedd wedi clywed Bobo yn sôn am Wlad y Cymylau, – lle â digonedd o aur ynddo. Eisteddodd y tywysog ifanc ac yntau yn y ddysgl. Wedi i fab y brenin ysgwyd y gadwyn, cododd pobl Gwlad y Cymylau y ddau i fyny atyn nhw. Roedd y tywysog yn methu deall pam roedd Gewi mor dawel yn y ddysgl. Ond meddwl am bethau drwg roedd hwnnw, gan obeithio cael cyfle i ddwyn aur o Wlad y Cymylau.

Wedi taith hir drwy'r awyr, dyma gyrraedd y wlad roedd Gewi wedi clywed cymaint o sôn amdani. Gan nad oedd wedi dweud dim wrth fab y brenin yn ystod y siwrnai, doedd hwnnw ddim yn edrych ymlaen ryw lawer at ei gwmni wedyn.

"Peth rhyfedd i nhad fy ngyrru i nôl bachgen mor annifyr," meddai wrtho'i hun.

Sylwodd ar Gewi yn edrych yn syn ar yr holl berlau drud yn y wlad ddieithr. Doedd y tywysog ifanc ddim yn hoffi'r ffordd roedd y bachgen o Affrica yn syllu ar yr holl drysor. Aeth ag o at ei dad, er hynny.

"Croeso iti, Gewi," meddai brenin Gwlad y Cymylau. "Rydw i wedi bod yn edrych arnat ti o'r wlad uchel hon. Rwyt ti wedi gweithio'n galed i dy feistr i lawr acw yn Affrica, ac rwyt ti'n haeddu cael gwyliau. Cei aros am ychydig ddyddiau i orffwys a mwynhau dy hun. Dos i grwydro o gwmpas. Mae croeso iti fynd i weld popeth yma yng Ngwlad y Cymylau."

Sylwodd pawb na ddiolchodd y bachgen dieithr o gwbl i'r brenin ar ei orsedd aur ac yn ei ddillad o groen llew. A doedd mab y brenin ddim am gadw cwmpeini iddo chwaith. Gwnaeth esgus ei fod yn brysur, gan adael Gewi ar ei ben ei hun.

"Dydi o ddim gwahaniaeth gen i," ebe hwnnw'n sarrug wrtho'i hunan. "Does gen i ddim eisiau crwydro hefo'r tywysog!"

Gwnaeth pawb yng Ngwlad y Cymylau eu gorau i roi croeso siriol iddo. Cafodd ddigon o fwyd a diod mewn tai oedd wedi eu gwneud o aur i gyd. Fe fu am dro ar hyd ffordd a thros bontydd wedi eu gwneud o aur, arian a pherlau.

"Dydi o byth yn chwerthin nac yn siarad yn garedig hefo ni," meddai un o'r bobl un diwrnod. "Ar ei ben ei hun mae o'n hoffi bod drwy'r dydd."

Doedd Gewi erioed wedi gweld cymaint o drysor.

"Bydd yn ddigon hawdd imi ddwyn y cwpan aur yma," meddai wrtho'i hun un tro.

Roedd newydd gael swper blasus gan deulu caredig, ac yn disgwyl ei gyfle i guddio'r cwpan gwerthfawr o dan ei ddillad. Ond pan oedd ar fin gwneud, sylwodd ar fab y brenin yn sbecian arno trwy'r ffenest. Rhedodd Gewi o'r tŷ mewn tymer ddrwg.

Digwyddodd rhywbeth tebyg lawer tro ar ôl hynny. Bob tro yr oedd yr hogyn digywilydd yn meddwl am guddio rhywbeth bach wedi ei wneud o aur dan ei ddillad er mwyn mynd â fo yn ei ôl i Affrica, gwelai'r tywysog yn syllu arno o ryw gornel neu drwy ffenest. Wedi bod yng Ngwlad y Cymylau am wythnos heb gael cyfle i ddwyn, roedd y bachgen drwg o'i go'n lân.

"Twt, waeth imi fynd adre ddim," meddai wrtho'i hunan.

A dweud y gwir, roedd y bobl yn falch o'i weld yn mynd. Dim ond y tywysog oedd yn gwybod am ei driciau'n ceisio lladrata. Ddywedodd o ddim wrth neb. Ond roedd pawb wedi cael digon ar yr hogyn yma'n crwydro o gwmpas â'i drwyn yn yr awyr, heb ddweud fawr ddim wrth neb. Gan fod y brenin mor brysur yn teithio i rannau pell o'i wlad, doedd o ddim yn gwybod am yr helynt. Pan ddaeth yn ei ôl, gwrandawodd yn syn pan ddywedodd ei fab wrtho fod y bachgen o Affrica eisiau mynd adre. Dyma'r tywysog yn sibrwd yr holl hanes yng nghlust ei dad.

"O," meddai yntau. "Gresyn am hynny. Mae'n amlwg y bydd rhaid inni ddysgu gwers iddo. Fydd o byth yn hapus os nad ydi o'n barod i ddiolch am bethau, ac os yw'n meddwl am ddwyn o hyd."

Er hynny, siaradodd yn gwrtais gyda Gewi cyn i hwnnw adael Gwlad y Cymylau.

"Gobeithio iti fwynhau dy wyliau yma hefo ni," meddai wrtho. "A chofia fi at dy feistr yn Affrica wedi iti gyrraedd adre. Rydw i'n ei nabod yn dda. Mae'n garedig wrth bob un ohonoch chi, ei weision. Rwyt ti'n fachgen lwcus dros ben. Cofia hefyd, y bydd croeso iti ddod yma eto unrhyw dro i gael seibiant. Mi rydw i'n gwybod y bydd dy feistr yn fodlon iti ddod."

Edrychodd pawb ar ei gilydd. Onid oedd eu brenin yn ŵr caredig? A pham roedd y bachgen yn dal i edrych mor flin? Chlywodd neb mohono'n dweud gair o ddiolch am y croeso chwaith. Ond ddywedodd neb ddim byd rhag digio eu brenin, – dim ond gwrando ar y gŵr hwnnw'n siarad.

"Dyma fi'n rhoi anrhegion mewn dwy sach iti," meddai'r brenin wrth Gewi. "Un sach fawr ac un sach fach. Mae'r un fwya i dy feistr am edrych ar dy ôl mor dda yn Affrica, a'r llall i ti. Ond cofia beidio ag agor dy rodd di nes byddi wedi rhoi anrheg dy feistr iddo."

Cipiodd y gwas blin y sachau o ddwylo'r brenin ffeind. Camodd i'r ddysgl fawr unwaith yn rhagor. Aeth y tywysog ag o yn ôl i'w wlad ei hun. Unwaith eto, ddywedodd Gewi'r un gair wrth y bachgen arall tra'n disgyn o Wlad y Cymylau. Ond roedd syniad drwg yn rhedeg trwy'i feddwl eto.

"Fydd neb yn gwybod yn ein gwlad ni mod i wedi cael *dwy* sach yn anrheg gan y brenin. Fe wna i gladdu'r sach fawr yn y pridd mewn coedwig, a mynd â'r llall i'm meistr."

"Dyna ni wedi cyrraedd. Pob hwyl iti," ebe mab brenin Gwlad y Cymylau ar ôl glanio yn Affrica.

Doedd y tywysog ddim yn teimlo fel bod yn gwrtais, ond roedd ei dad wedi ei siarsio i fod yn foneddigaidd hefo pawb, waeth sut rai oedden nhw.

"Cofia fod nhad wedi addo y cei di ddod am wyliau unrhyw amser."

Cododd y tywysog ei law wrth ddiflannu yn ei ôl i'r

awyr ac i Wlad y Cymylau. Wnaeth y gwas annifyr ddim hyd yn oed ddiolch iddo am ddod â fo adre. Brysiodd i gladdu'r sach fawr. Ddywedodd o ddim byd wrth neb, – ddim hyd yn oed wrth Bobo a geisiai fod yn ffrind iddo. Yna aeth Gewi â'r sach arall at ei feistr.

"Croeso'n ôl," meddai hwnnw'n llon. "Roeddwn yn meddwl yn sicr bod rhyw lew wedi dy ladd di a'th fwyta."

Wedi i'r gwas slei gymryd arno ei fod wedi ei fwynhau ei hun, dywedodd ychydig o'r hanes yn frysiog wrth ei feistr. Rhoddodd y sach fach iddo hefyd ond soniodd o ddim am y sach arall wrth gwrs.

"Wel, mae'r sach yn llawn o lwch aur," gwaeddodd ei feistr. "Chwarae teg i frenin Gwlad y Cymylau am gofio amdana i, ei hen ffrind. Mi rydw innau'n ddigon parod i roi hanner y trysor yma i ti am fod mor onest â dod â fo imi. Ond mae'n siŵr fod y brenin mwyn wedi rhoi anrheg fechan i tithau'n ogystal?"

Aeth Gewi'n goch at ei glustiau. Roedd ganddo gywilydd. Edrychodd ar y llawr ac welodd o mo'r wên ar wyneb ei feistr ffeind.

"Mae llawer o waith torri coed yn fy nisgwyl gan imi fod i ffwrdd am wythnos," ebe'r gwas gan ddal i wrido.

Wedi brysio oddi wrth ei feistr, rhedodd i'r goedwig.

"Os oes cymaint o aur yn y sach fechan, mae'n amhosib dychmygu faint sydd yn y sach fawr!" meddyliodd wrth frysio i godi'r anrheg arall o'r pridd.

Erbyn hyn roedd pawb yng Ngwlad y Cymylau yn edrych i lawr ar hyn i gyd yn digwydd. Roedden nhw'n gallu gweld Gewi yn chwys diferol yn tyllu am y sach.

Dyma pob un yn dechrau siarad ar draws ei gilydd,
 "Mae'n mynd i gael braw yn y munud."
 "Gwyliwch ei wyneb pan fydd yn agor y sach."
 "Roedd yn rhaid dysgu gwers iddo!"
 O'r diwedd, dyma'r gwas yn llwyddo i godi'r anrheg o'r ddaear. Agorodd y sach fel rhywun gwallgof. Yna cafodd sioc fwya'i fywyd. Roedd y sach yn llawn o...gerrig!

Y NEIDR GAS

Un tro roedd hen wraig dlawd yn byw yn India. Ymhell, bell i ffwrdd clywodd brenhines y wlad honno amdani, ac fe ddywedodd,

"Mae gen i ddigon o drysorau. Mi rydw i wedi penderfynu rhoi dau ddarn o aur i'r hen wraig. Fydd hi ddim yn dlawd wedyn."

Galwodd ar un o'i gweision yn y palas. Wtanca oedd ei enw, ac roedd wrth ei fodd yn cael mynd ar neges dros y frenhines.

"Dos â'r aur yma i'r hen wraig," meddai ei feistres wrtho. "Ond rhaid iti fod yn ofalus. Bydd Tacshaca, brenin y nadroedd cas, yn siŵr o ddod ar dy ôl. Fe fydd yn ceisio ei orau i ddwyn yr anrheg. Os byddi di mewn trafferth rywbryd, cofia y daw fy ffrind, Indra, i'th helpu."

Dywedodd Wtanca wrthi y byddai'n cofio am hyn. I fwrdd â fo am gartre'r hen wraig. Roedd yn ddiwrnod braf, gyda'r haul yn sgleinio ar y ddau ddarn o aur yn ei law. Rhoddodd Wtanca'r trysor mewn bag bach i fod yn ddiogel wrth iddo frysio trwy'r goedwig i dŷ'r ddynes dlawd. Yn sydyn gwelodd rywun yn edrych arno o'r tu ôl i goeden.

"Hwyrach mai lleidr ydi o," meddyliodd y bachgen. "Gwell imi redeg yn gynt."

Bu'n gwibio drwy'r goedwig am awr gan edrych dros ei ysgwydd bob hyn a hyn rhag ofn bod y lleidr yn ei ddilyn. Ond welodd o neb. Wedi iddo benderfynu gorffwys am ychydig, gorweddodd dan goeden. Roedd hi mor boeth nes y syrthiodd i gysgu. Disgynnodd y bag hefo'r aur ynddo o'i law. Heb yn wybod i Wtanca, roedd llygaid mileinig yn ei wylio o'r tu ôl i un o'r coed.

"Dyma nghyfle i," sibrydodd y lleidr.

Ar ôl sleifio at y bag lledr, cipiodd o i fyny a rhedeg i ffwrdd yn ddistaw. Wrth lwc dyma'r bachgen yn deffro'n fuan. Gwylltiodd yn gacwn wedi iddo ddeall bod yr aur ar goll.

"Ond fe fydda i'n sicr o ddal y lleidr," ebe gwas y frenhines wrtho'i hun.

Edrychodd yn ofalus ar y ddaear gan gychwyn dilyn ôl traed y lleidr. Brysiodd yn ei flaen. Cyn bo hir clywodd sŵn rhywun yn rhedeg trwy'r goedwig. Oedd, roedd bron â dal yr hen ddyn drwg! Erbyn hyn roedd allan o'r goedwig a gwelodd y lleidr yn y pellter yn rhedeg ar draws y tir gwastad.

"Aros di'r gwalch!" gwaeddodd Wtanca.

Roedd y llanc wrth ei ymyl erbyn hyn. Ond pan gododd ei law i afael yng ngwar y lleidr, trodd hwnnw ei hun yn neidr.

"Yr hen Tacshaca drwg wyt ti, – brenin y nadroedd," meddai Wtanca. "Fe ladda i di hefo'r garreg yma."

Ond cyn i'r bachgen gael cyfle i anelu'r garreg, dyma Tacshaca yn sleifio trwy dwll bach yn y ddaear gyda'r bag o aur yn ei geg.

"Dyna hen dro," meddyliodd Wtanca. "Mae'r cena wedi dianc i wlad y nadroedd, i lawr ymhell dan y ddaear. Fedra i byth ddod o hyd iddo rŵan."

Brysiodd Tacshaca yn is ac yn is o dan y pridd. Aeth heibio i filoedd o nadroedd eraill. Roedden nhw eisiau gwybod ym mhle y cafodd eu brenin yr aur. Ond roedd hwnnw ar ormod o frys i gyrraedd ei balas er mwyn cuddio yno gyda'r trysor. Gwibiai'r nadroedd yn ôl ac ymlaen trwy strydoedd a thai'r wlad dan y pridd. Roedden nhw'n sicr bod rhywbeth cyffrous yn mynd i ddigwydd cyn bo hir.

Roedd Wtanca'n brysur ymhell uwch eu pennau'n chwilio â ffon am y twll bach yn y ddaear lle y dihangodd Tacshaca. Roedd yn gobeithio gwneud yr agoriad yn fwy er mwyn iddo ddilyn y neidr. Eisteddodd yn ddigalon wedi methu dod o hyd i'r twll. Yna'n sydyn daeth storm. Aeth pob man yn ddu. Wedyn fe fflachiodd mellt uwch ei ben. Clywodd y taranau'n rhuo. Cafodd gip ar un fellten yn taro'r ddaear.

"Y twll!" gwaeddodd Wtanca.

Yn ffodus dros ben, trawodd y fellten hon yr union fan lle roedd y neidr wedi dianc. Fu dim rhaid i'r bachgen agor mwy ar y twll gan i'r fflach goch wneud hynny wrth daro'r ddaear. Goleuodd mellten sydyn arall y lle i gyd, a brysiodd Wtanca i mewn trwy'r agoriad. Wedi teithio'n ofalus i lawr ac i lawr, cyrhaeddodd wlad ryfedd y nadroedd. Edrychodd o'i gwmpas mewn syndod ar y tai a'r strydoedd a'r caeau'n llawn o sŵn hisian cas. Doedd y nadroedd ddim yn hapus o gwbl bod rhywun o'r tir uwch eu pennau wedi darganfod eu gwlad nhw.

"Mae golwg fileinig ar y rhain. Gwell imi ddechrau canu'n swynol iddyn nhw," meddyliodd y llanc.

Gwelodd gannoedd o elynion yn dod yn slei amdano. Roedd pob un yn barod i ymosod arno ac i amddiffyn eu brenin Tacshaca a'r aur. Ond roedd llais tlws gan Wtanca, a hwnnw'n gwneud i'r nadroedd i gyd fod mewn tymer dda. Wrth wrando ar y dôn dawel a hyfryd, syrthiodd pob un i gysgu.

"Deffrwch, y cnafon, a dweud wrtha i ymhle mae'r aur mae eich brenin wedi ei ddwyn!" gwaeddodd y llanc.

Ond er i un neu ddwy ddeffro a siarad yn garedig gan ddweud bod croeso iddo aros os canai felly bob dydd, gwrthod dweud ymhle roedd Tacshaca a'r aur wnaethon nhw. Gan fod y palas wedi ei guddio mewn coedwig yno dan y ddaear, roedden nhw'n gwybod nad oedd gan neb obaith i'w ddarganfod. Eisteddodd Wtanca'n ddigalon, mewn penbleth fawr. Yna fe gofiodd am gyngor ei feistres. Caeodd ei lygaid yn dynn gan ofyn yn dawel i Indra, ffrind y frenhines, ddod i'w helpu. Agorodd ei lygaid. Welai o ddim ond nadroedd cysglyd o'i gwmpas.

Yna'n sydyn daeth sŵn carnau i glustiau'r bachgen. Ie, Indra oedd yno wedi teithio ar ei geffyl i wlad Tacshaca.

"Sut gawsoch chi hyd i'r lle?" holodd Wtanca'n syn.

"Hidia befo am bethau felly. Mae nghffyl hud a minnau wedi dod i dy helpu i gael yr aur yn ôl," atebodd Indra'r gŵr doeth.

"Ond wyddom ni ddim ymhle mae palas Tacshaca yn y goedwig ddu," meddai'r llanc yn drist.

"Mae gen i syniad," ebe Indra. "Fe wnawn ni ddychryn y nadroedd eraill yma. Mi fyddan nhw'n siŵr o'n harwain at eu brenin wedyn. Chwytha di'n ysgafn ar ben fy ngheffyl hud, ac mi gei di weld beth fydd yn digwydd."

Aeth y bachgen at y march gan chwythu ar ei fwng yn ysgafn. Agorodd ceffyl hud Indra ei geg yn llydan. Saethodd fflamau mawr allan ohono. Deffrodd hyn y nadroedd i gyd. Wrth edrych yn syn ar eu tai a'u tir yn cael eu llosgi gan y tân anferth, fe frysion nhw i gyfeiriad y goedwig ddu.

"Ar eu holau! gwaeddodd Indra.

Roedd y coed o'u cwmpas yn clecian wrth losgi tra brysiai'r gŵr doeth a'i ffrind newydd ar gefn y ceffyl hud. Doedd y mwg a'r gwreichion ddim yn eu poeni nhw ond roedd y nadroedd yn tisian ac yn tagu'n chwys i gyd wrth fynd am gartre eu brenin. O'r diwedd fe gyrhaeddodd y neidr gryfaf at ddrws y palas.

"Tyrd allan hefo'r aur, Tacshaca. Mae ein gwlad i gyd yn mynd ar dân!" meddai honno'n uchel.

"Mi rydw i'n berffaith ddiogel yma y tu mewn i mhalas," gwaeddodd Tacshaca arni. "Does neb yn mynd i gael yr aur."

"Ond mae ein cartrefi i gyd ar dân, ac fe fyddwn ni'n cael ein rhostio yn y fflamau," llefodd neidr arall.

Erbyn hyn roedd yr holl nadroedd oedd yn dal yn fyw wedi cyrraedd grisiau'r palas. Yna carlamodd y ceffyl hud at y drws mawr. Chwythodd Wtanca ar ei ben eto, mor ysgafn â babi bach yn anadlu. Neidiodd mwy o dân o geg y march. Ffodd y nadroedd i le diogel. Ond gwrthod dod allan o'r palas wnaeth eu brenin. Syrthiodd y drws mawr ar ôl cael ei losgi. Roedd Indra ac Wtanca'n dal ar gefn y ceffyl hud. I mewn â nhw i'r palas.

"Tyrd â'r aur yn ôl, y lleidr digywilydd," meddai Indra dros y lle. "Ble bynnag yr wyt ti, fe fyddwn yn dy losgi di'n golsyn os na ddoi di allan o'r lle rwyt ti'n cuddio ynddo."

Erbyn hyn roedd Tacshaca bron â mygu. Doedd o'n gweld dim trwy'r mwg tew. Theimlodd o erioed mor boeth yn ei fywyd. Ond doedd o ddim am roi'r aur yn ei ôl mor hawdd â hynny! Sleifiodd yn araf a phoenus i lawr rhes o risiau yn ei balas. Aeth i'r seler dywyll. Gwelodd Indra flaen y gynffon yn diflannu yn y mwg. Wedi i Wtanca chwythu eto ar fwng y ceffyl hud, aeth fflam o dân fel tafod coch hir i lawr i'r seler. Roedd Tacshaca mewn magl, ac roedd yn gwybod hynny.

"Stopiwch y tân!" meddai'r brenin o'r diwedd.

Gorweddai yn wan ar lawr y seler â'r ddau ddarn o aur odano. Roedd y bag lledr wedi llosgi ers meitin. Ond roedd y trysor yn ddiogel. Neidiodd y ddau farchog oddi ar y ceffyl hud. Rhoddodd Indra'r aur i Wtanca wedi symud brenin y nadroedd â blaen ei droed. Llusgodd y llanc y neidr ystyfnig allan o'r palas. Doedd dim llawer o'r lle ar ôl gan fod pob man, bron, wedi llosgi'n llwyr. Digiodd y nadroedd eraill wrth eu brenin gan benderfynu dewis arweinydd arall. Ffodd Tacshaca oddi wrthyn nhw am ei fywyd er ei fod wedi ei anafu. Doedd dim gwahaniaeth gan neb i ble roedd wedi mynd.

"Fe awn ninnau adre," meddai Wtanca.

Neidiodd y ddau eto ar gefn y ceffyl hud. Cyn pen dim amser roedden nhw wedi gadael y wlad dan y ddaear.

"O, mae'r awyr iach yn braf," gwaeddodd y bachgen wedi dod allan o'r twll ac i olau dydd unwaith yn rhagor. "Diolch o galon ichi am fy helpu."

"Popeth yn iawn," atebodd Indra. "Unrhyw amser y byddi fy eisiau, fe fydda i'n barod. I ffwrdd â thi rŵan hefo'r aur i'r hen wraig dlawd."

Diflannodd y gŵr doeth a'i geffyl hud. Cafodd Wtanca groeso llawen gan y wraig unig yn ei bwthyn. Wedi rhoi'r trysor iddi, brysiodd y gwas at y frenhines i ddweud wrthi hanes ei antur yng ngwlad Tacshaca'r neidr gas.

DIOD I WNEUD PENILLION

"Y fi ydi'r cawr
 Gorau yn y byd
 Am wneud pennill
 Yn hapus o hyd."

Dyna'r geiriau roedd y cawr, Swtwng, yn eu canu. Doedd o ddim yn ganwr gwych ond roedd mewn hwyliau da.

"Troi y ddiod
 Yn y crochan mawr
 A pheidio â cholli
 Tropyn ar lawr."

Wedi plygu eto uwchben y crochan, rhoddodd fwy o briciau ar y tân odano. Y tu mewn i'r crochan trwm roedd dŵr â phob math o lysiau hud ynddo. Er ei fod yn boeth rhoddodd Swtwng ei fys anferth ynddo unwaith yn rhagor. Byddai pwy bynnag oedd yn ei yfed yn gallu gwneud penillion ardderchog.

"Ew, mae o'n dda," meddai gan sipian ei fys. "Y fi fydd yr un gorau yn y byd am wneud pennill pan fydd y ddiod yn barod."

Dau gorrach creulon oedd piau'r ddiod erstalwm. Am eu bod wedi lladd ei dad, fe ddygodd Swtwng y dŵr a'r llysiau hud oddi wrthyn nhw.

"Ha-ha, dyma fi wedi dial ar y ddau gorrach," meddai'r cawr gan wenu. "Dyna ddigon o waith am heddiw. Fe wna i droi mwy ar y ddiod 'fory."

Wedi aros i'r crochan oeri ychydig, aeth â fo i lawr grisiau ei gastell. Gan ei fod yn gawr doedd y llwyth ddim yn rhy drwm iddo. Ar ôl cyrraedd ystafell dywyll yng ngwaelod ei gartre gwaeddodd ar ei ferch. Roedd hi'n brysur yn y gegin yn gwneud swper.

"Tyrd i lawr yma i edrych ar ôl y crochan a'r ddiod-i-wneud-penillion."

Clywodd ei ferch y llais anferth fel taran trwy'r castell. Wedi cyrraedd at ei thad dyma hi'n dweud,

"Rydych chi i fod i rannu'r ddiod er mwyn i bobl eraill allu gwneud penillion i'w hadrodd a'u canu a bod yn llawen."

"Meindia dy fusnes," atebodd Swtwng yn swta. "Y fi, a neb arall, sy piau'r dŵr a'r llysiau hud. Aros di yma i edrych ar ôl y crochan."

Wedi dringo i fyny i'r gegin, bwytaodd lond ei fol o swper. Yna syrthiodd i gysgu gan chwyrnu fel mochyn tew. Bu raid i'r ferch druan aros drwy'r nos heb swper yn y seler dywyll i edrych ar ôl y crochan.

Doedd yr un o'r ddau wedi sylwi ar y brain. Roedd dwy frân wedi sleifio i gastell Swtwng gan weld a chlywed popeth. Dau aderyn yn perthyn i Odin oedden nhw. Dyn ifanc cryf a charedig oedd Odin yn byw mewn castell arall. Roedd pawb, bron, yn ei hoffi am ei fod yn eu helpu. Pan oedd pob man yn ddistaw, dyma'r ddwy frân yn hedfan o gastell y cawr i gartre Odin cyn i'r wawr dorri.

"Roeddwn i'n dechrau poeni amdanoch chi," meddai hwnnw wrth ei ddwy ffrind.

"Rydyn ni'n gwybod ble mae'r ddiod," ebe un frân.

"Diod sy'n gallu gwneud i bobl sgwennu a chanu penillion?"

"Ie siŵr," atebodd y frân arall gan adrodd yr hanes.

"Mae'n rhaid imi feddwl am gynllun i gael y ddiod hud oddi arno," meddai Odin ar ôl clywed stori'r brain. "Mae pawb yn y wlad yn drist. Does neb yn gallu canu'n llawen gyda'r delyn am na fedran nhw wneud penillion. Peth i'w rannu ydi'r dŵr a'r llysiau hud."

"Beth am ofyn i'r cawr caredig, Bogi, dy helpu?" gofynnodd un frân a safai ar ysgwydd dde Odin.

"Syniad da," atebodd y frân arall o'i ysgwydd chwith. "Mae o'n frawd i Swtwng, ond yn llawer mwy ffeind. Fe fuost ti'n was iddo erstalwm on'd do?"

"Do," meddai Odin. "Edrychwch chi'ch dau ar ôl y castell yma tra bydda i i ffwrdd."

Roedd Bogi yn barod iawn i roi help i'r llanc pan aeth hwnnw ato'r diwrnod wedyn. Doedd yntau ddim yn hoff o'i frawd chwaith. Aeth Bogi ac Odin yn dawel y noson honno at waelod un o waliau mawr castell Swtwng. Yn fuan iawn roedd ei frawd wedi gwneud twll bach yn y wal â'i ddwylo anferth. Ar ôl methu gwneud y twll yn fwy, dywedodd Odin wrtho am beidio â phoeni am hynny. Wedi diolch i Bogi, dyma'r llanc yn newid yn neidr. Roedd Odin yn gallu gwneud triciau felly.

Sleifiodd yn hawdd drwy'r twll ac i mewn i gastell Swtwng. Yna aeth i lawr y grisiau gan aros y tu allan i ddrws y seler. Wedi gwrando, a chlywed Swtwng a'i ferch yn siarad y tu mewn, dyma Odin yn ei newid ei hun yn ôl yn ddyn ifanc. Ond nid wyneb Odin oedd ganddo neu buasai'r cawr cas yn ei adnabod gan fod Odin mor enwog. Curodd y llanc yn galed ar y drws. Aeth wyneb Swtwng yn goch fel tomato ar ôl ei agor gan ei fod mewn tymer mor wyllt.

"Pwy wyt ti, a sut ddaru ti ddod i'm castell heb i neb dy weld?"

Cyn i Odin gael cyfle i ateb, berwodd y dŵr a'r llysiau hud ynddo yn y crochan. Cododd Odin y crochan oddi ar y tân a oedd ar ganol y llawr yn y seler yn ofalus gan adael iddo oeri wedyn.

"Diolch iti am helpu," meddai'r cawr gan anghofio nad oedd y llanc dieithr wedi ateb ei gwestiwn.

"Mae'n bwysig mod i'n cymryd arna i mod i'n ffrindiau hefo fo," meddyliodd Odin.

Gan ei fod wedi helpu, daeth Swtwng a'i ferch i'w hoffi ar unwaith.

"Mae gen innau gastell mawr," meddai Odin, "ac mae croeso i chi'ch dau ddod acw i aros. Mewn un neuadd uchel yno mae gwaywffyn yn dal y waliau rhag syrthio, ac mae tarianau dros y to i gyd. Hefyd mae gen i bum cant o ddrysau yno, gyda phob un yn ddigon llydan i adael i wyth gant o filwyr ddod i mewn ochr yn ochr."

"Wel, mae eich cartre'n sicr o fod yn lle braf," ebe merch y cawr. "Mae croseo i chithau aros yma hefo ninnau am dipyn."

Wedi bod yno am ddiwrnod neu ddau, mentrodd Odin ddweud wrth Swtwng: "Mi faswn i'n hoffi cael tropyn neu ddau o'r ddiod sydd yn y crochan."

Gan fod y bachgen ifanc wedi helpu'r cawr i gymysgu'r ddiod-i-wneud-penillion, a gofalu am y tân, fe gytunodd Swtwng. Yn ei wely'r noson honno, penderfynodd Odin ei bod yn amser iddo geisio cymryd y ddiod hud oddi ar y cawr er mwyn ei rannu i bawb a oedd yn hoffi gwneud a chanu penillion.

Y bore wedyn dywedodd y cawr,

"Rydw i am fynd i hela heddiw. Mae'r ddiod yn barod erbyn hyn ac rydw i am i'n ffrind newydd ni edrych ar ei ôl."

"Ydi, mae'n ddiwrnod braf," atebodd ei ferch. "Ac fe af finnau allan i gasglu'r blodau sy'n tyfu yn ymyl y castell."

Ddywedodd Odin ddim gair. Ond roedd ei feddwl yn gweithio'n gyflym.

"Dyma gyfle gwych imi gipio'r dŵr a'r llysiau hud," meddyliodd wrth edrych ar Swtwng a'r eneth yn mynd allan ar ôl brecwast. Aeth yn syth i nôl ei fag lledr. Roedd wedi ei guddio o dan ei wely. Bag lledr arbennig iawn oedd hwn. Doedd dim gwahaniaeth faint o ddŵr roeddech chi'n ei roi ynddo, doedd y bag byth yn llawn. Wedi gwneud yn berffaith sicr fod y ferch a'i thad yn ddigon pell, aeth o'r stafell fwyta i'r seler. Ar ôl tywallt hanner y ddiod hud yn ofalus i'w fag lledr, aeth at un o'r ffenestri ac edrych allan.

"Na, does dim golwg o'r ddau'n dod yn ôl," meddai wrtho'i hun.

Aeth yn ei ôl at y crochan i orffen tywallt y ddiod-i-wneud-penillion i'w fag. Wrth ddringo'r grisiau wedyn gyda'i lwyth trwm fe newidiodd ei wyneb i fod yn wyneb Odin unwaith eto. Agorodd ddrws mawr y castell. Roedd yn barod i ddianc. Ond pwy oedd yn dod yn wyllt at y drws yr eiliad honno ond Swtwng!

"Rydw i'n deall rŵan," rhuodd hwnnw'n sarrug. "Tric oedd hyn i gyd. Odin wyt ti. Mi rydw i wedi bod eisiau dy ddal ers talwm. Ac rwy'n sicr mai'r ddiod-i-wneud-penillion sydd yn y bag yna gen ti. Aros di nes ca i afael arnat ti, y lleidr drwg!"

Neidiodd y llanc o ffordd y cawr gan afael yn sownd yn ei fag lledr rhag i hwnnw syrthio. Rhedodd at y twnnel lle daeth i mewn i'r castell. Clywodd Swtwng yn brasgamu ar ei ôl. Roedd y lle'n crynu gan sŵn ei draed mawr. Yn ffodus iawn, gallai Odin ei newid ei hun i fod yn bob math o bethau. Trodd ei hun yn eryr y tro yma. Wedi hedfan trwy'r twnnel hefo'r bag, allan â fo o'r castell trwy'r twll roedd Bogi wedi ei wneud.

"Chei di ddim dianc!"

Roedd Swtwng yn sgrechian erbyn hyn.

"Rydw innau'n gallu newid fy hun i fod yn eryr hefyd."

A dyna ddigwyddodd. Cododd y ddau aderyn i'r awyr. Edrychodd merch Swtwng ar y ddau eryr yn cael ras. Ar ôl gollwng y blodau o'i llaw, dechreuodd grio.

"O, dyna biti," meddai yn ei dagrau, "a minnau wedi dod yn gymaint o ffrindiau hefo'r llanc ifanc. Gobeithio y bydd yn llwyddo i ennill y ras."

Daliodd i syllu i'r awyr nes yr aeth y ddau eryr o'r golwg. Roedd yr eneth yn gobeithio na fuasai'r un ohonyn nhw'n brifo nac yn cael ei ladd. Er mai un rhyfedd oedd ei thad, doedd hi ddim eisiau ei weld o'n marw chwaith. Roedd Odin yn gallu hedfan yn gyflym. Ond daeth Swtwng yn nes ac yn nes ato bob munud. Cododd cannoedd o bobl y wlad eu hwynebau i edrych ar y ras. Doedden nhw erioed wedi gweld dau eryr yn hedfan mor chwim, fel un fellten yn dilyn y llall.

"Edrych, mae'r cynta'n gafael yn dynn hefo'i draed mewn bag," meddai un.

"Go dda, hwnnw sy'n mynd i ennill y ras," gwaeddodd rhywun arall.

"Ie wir, mae'r ail yn dechrau blino."

Oedd, roedd y cawr wedi colli'r ras. Wedi disgyn yn swp i'r ddaear, welodd neb mohono byth wedyn. Ar ôl cyrraedd adre, newidiodd Odin ei hun yn ôl i fod yn llanc ifanc. Cafodd groeso bendigedig gan ei gyfeillion yn y neuadd fawr yn ei balas. Wedi rhoi'r ddiod hud i bawb oedd ei heisiau, aeth ar ei geffyl gan rannu'r ddiod-i-wneud-penillion hefo pobl eraill.

Bu parti swnllyd yn ei gastell ar ôl iddo orffen hyn. Wedi bwyta a dawnsio, bu Odin yn gwrando ar ei ffrindiau'n adrodd penillion newydd sbon yn ei ganmol. Fe wnaethon nhw ganu i gyfeiliant y delyn hefyd hyd oriau mân y bore. Aeth Odin i'w wely wedi blino'n llwyr. Er hynny, doedd o ddim yn medru cysgu'n dawel gan fod y ddwy frân yn chwerthin ac yn cadw sŵn.

"Be sy'n bod?" gofynnodd y llanc.

"Rydyn ni'n trio bod yn feirdd."

"Ond chawsoch chi ddim diod-i-wneud-penillion."

"Ha-ha, fe gawson ni dropyn neu ddau wrth iddyn nhw ddisgyn o'r bag pan oeddet ti'n hedfan fel eryr."

Wedi chwerthin dros y lle, trodd Odin gan gau ei lygaid ar ôl ei daith hir.

"Ewch chithau i gysgu'r cnafon," meddai dan wenu. "Gadewch y penillion tan yfory!"